Guía de Lectura

Escrita por Marion Munier
Traducida por Marta Sánchez Hidalgo

El monje

de Matthew Gregory Lewis

Entiende fácilmente la literatura con

Resumen
Express.com

www.resumenexpress.com

MATTHEW GREGORY LEWIS

NOVELISTA Y DRAMATURGO INGLÉS

- **Nacido en 1775 en Londres**
- **Fallecido en 1818 en el mar**
- **Algunas de sus obras:**
  - *El espectro del castillo* (1798), obra de teatro
  - *Alfonso* (1801), obra de teatro
  - *Diario de un plantador de las Antillas* (1833)

Matthew Gregory Lewis es un autor inglés nacido en 1775 en una familia acomodada. Mientras escribe en diez semanas con 19 años *El monje* (1796), se prepara para ser diplomático. Continúa una carrera política y es diputado por Hindon en Wiltshire. Después de unos años anodinos en la Cámara de los Comunes, se vuelca de nuevo en la literatura y escribe poesías y obras de teatro, como *El espectro del castillo* (1798) y *Alfonso* (1801). En 1815, cuando muere su padre, va a visitar las tierras de la familia en las Indias Occidentales y descubre las terribles condiciones de vida de los esclavos, que denuncia en su *Diario de un plantador de las Antillas* (1833). Agotado por sus viajes, muere en el mar en 1818.

EL MONJE

UNA OBRA MAESTRA DE LA NOVELA GÓTICA

- **Género:** novela
- **Edición de referencia:** Lewis, Matthew Gregory. 2002. *El monje*. Traducido por Francisco Torres Oliver. Madrid: RBA, colección *Clásicos del terror*
- **Primera edición:** 1796
- **Temáticas:** inmoralismo, Iglesia, mal, Diablo, tentación, redención

El monje causó un escándalo cuando se publicó en 1796: la censura condenó con firmeza el anticlericalismo y las numerosas escenas violentas y sexuales que contiene el libro. Ambrosio, el protagonista, es un monje que cae en la lujuria y que, para satisfacer sus impulsos, no duda en aliarse con el Diablo, en matar y violar. Lewis, coaccionado, propuso en 1798 una versión censurada que también provocó numerosas críticas. Pero el escritor también suscitó la admiración de grandes autores como Lord Byron (poeta inglés, 1788-1824) y el marqués de Sade (escritor francés, 1740-1814). En el siglo XX Antonin Artaud (escritor francés, 1896-1948) propuso una reescritura titulada *Le moine, de Lewis, reconté par Antonin Artaud*, 1931 (El monje de Lewis contado por Antonin Artaud).

RESUMEN

VOLUMEN I

Capítulo 1

Leonella, una solterona, y Antonia, una jovencita, conocen a Lorenzo y a don Cristóbal en la Iglesia de los Capuchinos en Madrid. Leonella, muy charlatana, cuenta a los caballeros la historia de Antonia: su madre Elvira huyó con su marido a las Indias para escapar de la furia del padre de su esposo. Éste aseguraba que su hijo, fruto de su matrimonio clandestino, estaba muerto, pero eso no era así. Elvira, después del fallecimiento de su marido, vuelve a España y consigue una pequeña pensión de su suegro. Está en Madrid con Antonia para conocer a don Raimundo de las Cisternas, el heredero de su suegro, porque éste también ha fallecido.

Ambrosio predica en la Iglesia de los Capuchinos: llama la atención de los fieles por el fervor de sus sermones. Lo encontraron de niño en la puerta del monasterio y allí creció. Antonia está fascinada por el monje.

Lorenzo llegó la noche anterior a Madrid y todavía no ha ido a ver a Inés, su hermana, monja del convento. Descubre que ésta se cartea con uno de sus amigos: Raimundo de las Cisternas.

Antonia y Leonella conocen en la calle a una gitana que aconseja a Leonella que deje de ir tras los hombres y le predice que un «demonio taimado» la llevará a la ruina.

Capítulo 2

Ambrosio descubre la correspondencia romántica de su hermana Inés, que le confiesa que está embarazada de Raimundo y que quiere huir del convento con él. El monje demuestra mucha dureza enviándola a la estricta priora.

El monje encuentra a Rosario, un joven novicio, amigo suyo, en el jardín del convento. Éste le confiesa su secreto: en realidad se llama Matilde y está enamorado de él. El monje acepta que la joven siga ahí porque amenaza con matarse.

Al prior le pica una serpiente cuyo veneno es mortal. Después de pasar una noche con la joven pendiente de él, se despierta curado y le asombra su belleza. Se da cuenta de que la joven ha succionado el veneno para salvarlo: está condenada. Loco de deseo, sucumbe ante sus encantos y pasa la noche con ella.

Capítulo 3

Don Raimundo le cuenta a Lorenzo cómo, después de numerosas peripecias, conoció a su hermana: en un viaje a Alemania, cayó en una emboscada de la que consiguió escapar y salvar a la baronesa Lindenberg, la tía de Inés.

VOLUMEN II

Capítulo 1

En el castillo de los Lindenberg, Raimundo conoce a Inés, la sobrina de la baronesa, destinada al convento desde que nació. La joven le cuenta la historia de la monja sangrienta:

desde hace más de un siglo, el fantasma recorre el castillo y asusta a sus habitantes. Aparece una vez cada cinco años, una noche en la que dejan todas las puertas abiertas. Los amantes deciden aprovechar esta oportunidad para que Inés, disfrazada de monja sangrienta, se escape del castillo. Pero el fantasma toma la forma de la joven, a la que envían de inmediato al convento.

En la cama, Raimundo recibe muchas noches la visita de la monja sangrienta. Durante una ceremonia, un adivino extraño consigue cazar al fantasma, que acepta dejarlo tranquilo con la condición de que Raimundo entierre sus huesos.

El fantasma es Beatriz de las Cisternas, un ancestro que tomó el velo contra su voluntad y que huyó con un antepasado del barón Lindenberg. Vivieron en una gran perversión hasta que ella lo asesinó porque se lo pidió su hermano. Éste la mató a su vez sin enterrarla. Desde entonces, el fantasma vaga por el castillo.

En Madrid, gracias a la complicidad de un jardinero del convento, Raimundo queda con Inés por la noche en el jardín. Cuando se entera de que está embarazada de él, intenta conseguir una bula (carta solemne cuyo objetivo es el interés general) del papa para poder casarse con ella.

Capítulo 2

Lorenzo acepta ayudar a Raimundo en sus andanzas para casarse con su hermana. Por su parte, Elvira aconseja a su hija, enamorada de Lorenzo, que lo olvide y pide a Lorenzo que deje de visitar a su hija: es de una familia muy noble y nunca podrá casarse con ella.

La priora anuncia a Lorenzo que su hermana ha muerto durante el parto, pero Lorenzo y Raimundo no se lo creen.

Capítulo 3

A Ambrosio le da vergüenza su noche de placer con Matilde, pero está decidido a salvarla del veneno: acepta llevarla a la cripta del convento, donde realiza una ceremonia secreta. Al final de la misa, Ambrosio se encuentra con Antonia, que le pide que rece por su madre enferma. Encantado, va junto a Elvira.

Capítulo 4

Ambrosio aprovecha sus visitas a la enferma para hacer la corte a la joven. Se hubiera aprovechado de ella si Elvira, enferma, no hubiera intervenido. Matilde, que gracias a la magia está al corriente del amor del monje por Antonia, propone ayudarlo. Después de una ceremonia mágica en la que Matilde llama a Lucifer, da al monje un mirto mágico que le permitirá adormecer a Antonia.

VOLUMEN III

Capítulo 1

Theodore, el criado de Raimundo, consigue entrar en el convento de las monjas disfrazado de mendigo. La madre Santa Úrsula lo reconoce y le da una cesta que esconde un mensaje que aconseja al marqués de las Cisternas dar la orden de arrestar a la superiora y a ella misma.

Ambrosio va a casa de Antonia, pero Elvira lo descubre cuando se dispone a violar a la joven. La madre denuncia la hipocresía del monje, al que quiere acusar delante de todos. Ambrosio, asustado, la estrangula y huye.

Capítulo 2

Cuando muere su madre, Antonia se encuentra sola con su sirvienta y Jacinta, su anfitriona. El fantasma de su madre se le aparece y le advierte de que se reunirá con ella al cabo de tres días. La joven se desvanece y Jacinta, aterrada, pregunta a Ambrosio si puede ir a ayudarla. Acepta. Matilde le sugiere una poción que hará parecer que la joven está muerta para poder organizar su entierro en el convento y luego aprovecharse de ella cuando se despierte. Acepta y la joven muere en medio de convulsiones ante todos.

Capítulo 3

En una procesión pública, detienen a la priora y a la madre Santa Úrsula. Ésta acusa ante la muchedumbre a la priora de haber matado a Inés. El pueblo horrorizado se lanza sobre la priora, la mata y ataca el convento para castigar a las monjas. Lorenzo aprovecha para entrar y descubre en una celda a una mujer esquelética encadenada. Una joven novicia que no le deja indiferente, Virginia, le ayuda y salva a la prisionera.

Capítulo 4

En la cripta del convento, Ambrosio espera que Antonia

se despierte y la viola. Matilde va a verle para advertirle del peligro: Lorenzo y sus hombres están cerca. El monje apuñala a la joven para proteger su reputación. Lorenzo la encuentra y muere en sus brazos, mientras detienen al monje y a Matilde.

Virginia rodea de cuidados a la joven prisionera, que resulta ser Inés. Ésta cuenta lo que le ha pasado: después de beber una poción que le dio la priora, apareció encerrada en una celda infame donde debería quedarse hasta su muerte. Allí dio a luz a un niño que murió unos días más tarde.

Raimundo se casa con Inés y Lorenzo con Virginia.

Capítulo 5

Al monje y Matilde, acusados de asesinato y de brujería, los conducen ante los Inquisidores. Matilde lo confiesa todo mientras Ambrosio sigue negándolo. Por la noche, Matilde va a verlo a su celda y le propone que la siga: ha vendido su alma al Diablo para salvarse. Él rechaza porque sigue creyendo en Dios. Bajo tortura, confiesa haberse entregado a la brujería y le condenan a muerte. Aterrado por la idea de su inminente ejecución, llama al Diablo y, después de vacilar mucho, le ofrece su alma a cambio de la libertad. El Diablo se lo lleva y le dice que Antonia, a la que ha violado y matado, era su hermana; que Elvira, a la que ha estrangulado, era su madre, y que Matilde era un demonio que le habían enviado para tentarlo. El Diablo lo arroja a un barranco antes de que se pueda arrepentir.

ESTUDIO DE LOS PERSONAJES

AMBROSIO

Ambrosio, un monje joven de unos treinta años, creció en el convento porque lo abandonaron de niño. Es «un hombre de noble ademán y presencia imponente. Era de estatura elevada, y tenía las facciones singularmente hermosas. Tenía la nariz aguileña, los ojos grandes, negros y centelleantes, y las cejas oscuras y casi juntas» (Lewis 2002, vol. I, cap. 1).

Se caracteriza por su devoción y su seriedad. Al principio está seguro de su castidad, pero siente deseo por el cuadro de la Virgen, delante de la que reza. Demuestra orgullo e intransigencia: es incapaz de sentir lástima por Inés, que le suplica que le ayude.

Es extremadamente lascivo, sucumbe enseguida a los encantos de Matilde y cuando se cansa no se dirige a otras mujeres por miedo a perder su reputación. Sin embargo, acepta la ayuda demoníaca que le ofrece Matilde para violar a Antonia. Demuestra mucha hipocresía en cuanto a esto: admite que Matilde se entregue a negociar con el Diablo para satisfacer sus placeres, pero piensa que Dios le perdonará todos sus pecados si consigue arrepentirse a tiempo. De todas formas, la víspera de su ejecución, aterrorizado, vende su alma al Diablo para escaparse. El demonio le dice entonces que es hijo de Elvira, que ha violado y matado a su hermana y asesinado a su madre. Después, el Diablo lo lanza al vacío sin darle tiempo a arrepentirse.

ANTONIA

Antonia nació del matrimonio clandestino entre doña Elvira y el tío de Raimundo de las Cisternas. Se la describe así: «Más que hermosa era arrobadora; su encanto residía no tanto en la perfección de sus rasgos como en la dulzura y sensibilidad de su gesto. Consideradas las diversas facciones por separado, distaban mucho de ser hermosas; pero contempladas en su conjunto, eran adorables» (Lewis 2002, vol. I, cap. 1). Esta rubia de ojos azules y unos quince años es muy tímida.

Se enamora de Lorenzo, pero también parece que Ambrosio le fascina. Demuestra una gran ingenuidad en cuanto a las intenciones del monje hacia ella. Y con razón, puesto que su madre le ha educado de forma muy estricta, incluso le censuró los pasajes de la Biblia demasiado explícitos. Su belleza enloquece de deseo al monje, que llega a raptarla y violarla tras la muerte de su madre. Muere apuñalada por él en brazos de Lorenzo.

DON LORENZO DE MEDINA

Este joven noble está enamorado de Antonia, con la que no se puede casar sin el consentimiento de su tío, el poderoso duque de Medina. Es amigo de Raimundo de las Cisternas y acepta ayudarle a que se case con su hermana Inés, que es monja contra su voluntad. El joven es apasionado, valiente y fiel, puesto que hace todo lo posible para salvar a su hermana y favorecer su boda con su amigo. Tras la muerte de Antonia, se enamora de Virginia, una joven de buena familia que estaba en el convento con su hermana. Al hacerlo, se casa con una mujer de su condición.

RAIMUNDO DE LAS CISTERNAS

Raimundo de las Cisternas es un joven noble que proviene de una familia importante. Se enamora de Inés después de haberla conocido durante sus viajes por Europa. Es valiente y generoso, puesto que sobrevive a numerosas emboscadas y ataques. También suscita el amor de Rodolfa, la tía de Inés, pero rechaza sus atenciones. Acepta casarse con Inés después de haberla dejado embarazada, aunque sigue siendo monja. Cae muy enfermo cuando se entera de su muerte. Cuando descubre que sigue viva, recupera sus fuerzas y acaba casándose con ella.

MATILDE DE VILLANEGAS

Matilde de Villanegas proviene de una familia acomodada y su tío la ha educado e iniciado en las ciencias ocultas. Asiste a un sermón de Ambrosio y, locamente enamorada del joven monje, decide abandonarlo todo por él. Abandonada por este, usa la magia para llamar al Diablo para que le ayude en sus asuntos amorosos. Es una mujer dura, no muestra piedad y está dispuesta a todo para quedarse con Ambrosio. La víspera de su ejecución a manos de la Inquisición, vende su alma al Diablo para poder huir. Al final de la obra, el Diablo le dice a Ambrosio que ella era un demonio cuyo objetivo era que cayera en el mal.

CLAVES DE LECTURA

UNA NOVELA GÓTICA

En su definición de gótico, Robert D. Hume, profesor de la Universidad del Estado de Pensilvania, distingue las características más importantes del género que podemos señalar en *El monje* de Lewis:

- un decorado típico: paisajes silvestres, abadías en ruinas, castillos penitenciarios, la noche, etc. Estos elementos están presentes en la obra: la cripta del convento, el bosque en el que Raimundo cae en una emboscada, el castillo de Lindenberg donde se aparece la monja sangrienta, etc.;
- una historia transgresiva con una norma que el texto presenta con los personajes normativos amenazados. Por ejemplo, el personaje de Lorenzo contrasta mucho con el de Ambrosio: los dos están enamorados de Antonia, pero el primero sigue las normas de la época y quiere casarse, mientras que el segundo recurre a la magia y la viola;
- uno o varios de los héroes transgresivos que tienen protagonismo, malvados o miserables, no son monolíticos. En *El monje*, Ambrosio encarna a este personaje odioso: es un hipócrita que esconde su lascivia bajo sus hábitos de monje y que es capaz de perpetrar violaciones y asesinatos. En numerosas ocasiones vacila y se deja tentar por la piedad y la vuelta a una vida piadosa, pero, cuando lo intenta, Matilde lo empuja a hacer el mal. Cabe destacar que incluso los personajes que se sitúan *a priori* del lado del bien están entre el bien y el mal;

- la confusión del bien y del mal: moral y fe cristiana están dañadas por situaciones extremas de anticlericalismo. Esta confusión está presente en toda la obra: Matilde llama al Diablo en las criptas del convento, el monje es lujurioso en el monasterio, las monjas torturan y condenan a Inés, etc.;
- una estética de abundancia, de sobrecarga y de exceso.

LA DUPLICIDAD DE LOS PERSONAJES

En *El monje*, Lewis crea personajes complejos y ambiguos que se alejan de los prototipos literarios y sociales habituales. Lejos de ser monolíticos, están divididos entre el bien y el mal.

- Ambrosio es un monje que encarna la castidad y la devoción a ojos de todos, pero que demuestra libertinaje y comete los peores crímenes (incesto y matricidio). Sin embargo, a lo largo de la obra, está tentado de salvar a Inés de la intransigencia de la priora y se niega mucho tiempo a vender su alma al Diablo. Hasta el final, espera poder arrepentirse antes de su muerte.
- Matilde, enviada por el Diablo y que procura a Ambrosio la ayuda del demonio para asistirle en sus crímenes, se presenta también como una niña de buena familia dispuesta a abandonar su posición y sus bienes por amor.
- Antonia es ambigua, puesto que es tanto víctima como verdugo: es víctima porque es inocente y sufre las atenciones y la barbarie de Ambrosio; verdugo porque su belleza hace que el monje caiga en el exceso. Además, está completamente fascinada por él.

- Inés y Raimundo son también capaces de transgredir los más grandes tabúes: tienen relaciones en un convento aunque Inés haya pronunciado sus votos de monja.
- Sin embargo, aunque los personajes oscilen entre el bien y el mal, la moral permanece anclada en los usos y costumbres de la sociedad: Ambrosio y Matilde están condenados, Antonia muere mientras que Inés y Raimundo se casan.

LA CONSTRUCCIÓN DE LA OBRA

Como señalan Guillaume Pigeard de Gurbert y Stéphan Vaquero: «El monje no es un relato, sino una multiplicidad de relatos compuestos, cada uno, de una multiplicidad de historias y de acontecimientos monódicos: la abundancia, sobrecarga y exceso, es decir, gótico» (epílogo de la versión francesa: *Le moine*, Arles, Actes Sud, colecc. « Babel », 1996, 512 p). La obra de Lewis se beneficia de una construcción compleja, típica de la novela gótica, porque agrupa numerosos relatos contados por los personajes, pero también canciones, poesías y baladas. Aquí está la lista de estos textos señalados y designados como tales en el cuerpo del texto:

- canción de la gitana (Lewis 2002, vol. I, cap. 1);
- inscripción en una ermita (Lewis 2002, vol. I, cap. 2);
- canción de Matilde: *Durandarte y Belerma* (Lewis 2002, vol. I, cap. 2);
- historia de don Raimundo, marqués de las Cisternas (Lewis 2002, vol. I, cap. 3) y su continuación (Lewis 2002, vol. II, cap. 1);
- poema de Theodore: *El amor y la vejez* (Lewis 2002, vol.

II, cap. 2);

- texto del marido de Elvira: *El exilio* (Lewis 2002, vol. II, cap. 2);
- plegaria de Antonia: *Himno de medianoche* (Lewis 2002, vol. II, cap. 3);
- canción de Theodore: *El rey de las aguas*, balada danesa (Lewis 2002, vol. III, cap. 1);
- serenata de Lorenzo a Antonia (Lewis 2002, vol. III, cap. 1);
- lectura de Antonia: *Alonso el bravo y la hermosa Imogina* (Lewis 2002, vol. III, cap. 2);
- conclusión de la historia de Inés de Medina (Lewis 2002, vol. III, cap. 4).

Casi todos los capítulos son simétricos y tienen un relato intercalado, una canción o una poesía cuya función es actuar sobre las emociones de los que la leen o la escuchan.

Esta variedad de composiciones tiene también como consecuencia desorientar al lector, que no puede tener una visión fija de la obra, y multiplicar los puntos de vista, lo que también refuerza el carácter gótico de El monje.

EL ANTICLERICARISMO DE LA OBRA

Debido a su anticlericalismo, *El monje* fue censurado cuando se publicó en 1796. De hecho, desde las primeras páginas de la obra, el autor cuestiona la religiosidad de las personas que van a misa: «No creáis que la multitud acudía movida por la devoción o el deseo de instruirse. [...] Las mujeres venían a exhibirse, y los hombres a ver a las mujeres» (Lewis 2002, vol. I, cap. 1).

A lo largo de la obra, el autor invierte los códigos sociales: de hecho, se presenta a los religiosos peor que a los otros hombres: de esta forma, Ambrosio, el monje ejemplar, casto y devoto para todos, es lascivo y criminal; la priora del convento es incapaz de sentir lástima y condena a muerte a Inés; la monja sangrienta Beatriz e Inés rompen sus votos, que habían hecho contra su voluntad.

Incluso ataca la Biblia, puesto que Ambrosio se sorprende de que Elvira deje a su hija leerla. Sin embargo, la madre comparte su opinión y censura muchos pasajes del libro santo porque «Muchos de los relatos sólo pueden tender a excitar las ideas peor calculadas para un pecho femenino. Todo es designado clara y rotundamente por su nombre, y los anales de un burdel no podría proporcionar mayor selección de expresiones indecentes» (Lewis 2002, vol. II, cap. 4).

Hay que señalar la unión entre Dios y el Diablo que Ambrosio y Matilde hacen en numerosas ocasiones. En el capítulo 2 del volumen III, el monje acepta la ayuda demoníaca de Matilde para satisfacer sus impulsos y se redime con la excusa de que no es él quien hace el pacto con el demonio y que siempre podrá arrepentirse antes de la muerte y así salvar su alma ante Dios. Sin embargo, aterrorizado por su inminente ejecución, acepta al final vender su alma, alejándose así de Dios y del concepto cristiano de redención. Todos estos elementos contribuyen a hacer de *El monje* una obra que impactó mucho a los lectores de la época por su anticlericalismo.

PISTAS PARA LA REFLEXIÓN

ALGUNAS PREGUNTAS PARA PROFUNDIZAR EN SU REFLEXIÓN...

- Estudie el prefacio de la obra escrita por Lewis. ¿Cómo puede «excusar» al autor?
- Analice la historia de Beatriz, la monja sangrienta. Destaque los elementos que presentan el carácter gótico del texto.
- Haga un resumen del pasaje de la predicción de la gitana (Lewis 2002, vol. I, cap. 1). ¿Cómo se lleva a cabo en la obra?
- ¿Cuáles son los elementos del vínculo entre anticlericalismo y erotismo en *El monje* de Lewis? Arguméntelo señalando pasajes de la obra.
- En *Le Roman noir anglais dit «gothique»* (La novela negra inglesa llamada «gótica»), Max Duperray asegura: «Podemos describir el gótico como lo contrario la novela realista que era conocida en la época»[1]. ¿Qué piensa usted? Apoye su reflexión con ejemplos literarios.
- ¿Qué otras obras literarias tratan sobre un pacto con el Diablo? Compárelas con *El monje*.
- Antonin Artaud propuso una reescritura de *El monje*. Señale los parecidos y las divergencias entre su obra y la de Lewis. ¿Qué nueva mirada sobre la obra original aporta?
- ¿En qué aspecto el personaje principal de *La muerta*

---

1. Cita traducida por ResumenExpress.com

enamorada de Théophile Gauthier se puede comparar con Ambrosio? Justifique su respuesta.

- ¿Piensa que esta obra es adaptable al cine? ¿Cómo presentaría su compleja estructura?

PARA IR MÁS ALLÁ

EDICIÓN DE REFERENCIA

- Lewis, Matthew Gregory. 2002. *El monje.* Traducido por Francisco Torres Oliver. Madrid: RBA, colección *Clásicos del terror.*

ESTUDIO DE REFERENCIA

- Duperray, Max. 2000. *Le Roman noir anglais dit «gothique».* París: Ellipses.

www.resumenexpress.com

ISBN ebook: 9782806274731

ISBN papel: 9782806285713

Depósito legal: D/2016/12603/507

Cubierta: © Primento

Libro realizado por Primento*, el socio digital de los editores*